YES
ESPIRITUALES
DEL
ÉXITO

LAS
SIETE
LEYES
ESPIRITUALES
DEL
ÉXITO

UNA GUÍA PRÁCTICA
PARA LA REALIZACIÓN
de TUS SUEÑOS

DEEPAK CHOPRA

 AMBER-ALLEN PUBLISHING

 NEW WORLD LIBRARY

© 1994 Deepak Chopra

Traducción © 1995 Adrianna Nienow

Basado en el libro *Creating Affluence: Wealth Consciousness in the Field of All Possibilities* {Como Crear Abundancia: Conciencia de Riqueza en el Campo de Todas las Posibilidades} © 1993 Deepak Chopra

Publicado por Amber-Allen Publishing y New World Library

OFICINA DE EDICIÓN:	OFICINA DE DISTRIBUCIÓN:
Amber-Allen Publishing	New World Library
P.O. Box 6657	14 Pamaron Way
San Rafael, CA 94903	Novato, CA 94949

Traducción: Adrianna Nienow

Tipografía: Beth Hansen

Redactor: Richard P. Castillo

Diseño de funda: Greg Wittrock, New York City

Arte de funda: Detalle de *Asavari Ragini*, Subimperial Mughal, c. 1625

Library of Congress Cataloging-in-Publication Data

Chopra, Deepak. 1946-
[Seven spiritual laws of success. Spanish]
Las siete leyes espirituales del éxito : una guía práctica para la realización de tus sueños / Deepak Chopra ; traducción: Adrianna Nienow
p. cm.   "Based on the book Creating affluence"—T.p. verso
ISBN 978-1-878424-19-8 (alk. paper)
1. Success in business—Religious aspects. 2. Success—Religious aspects.
3. Wealth—Psychological aspects. I. Chopra, Deepak. Creating affluence.
II. Title.

HF5386.C547518 1995	95-35520
650.1—dc20	CIP

ISBN 978-1-878424-19-8
Impreso en el Canadá
Distribuido por Publishers Group West
Impresión:
40 39 38 37 36

Eres lo que tu más profundo y vigoroso deseo es.

Como es tu deseo, es tu voluntad.

Como es tu voluntad, son tus actos.

Como son tus actos, es tu destino.

— *Brihadaranyaka Upanishad IV.4.5*

ÍNDICE

ÍNDICE

RECONOCIMIENTOS

Quisiera expresar mi amor y gratitud a las siguientes personas:

A Janet Mills por nutrir amorosamente este libro desde su concepción hasta su conclusión.

A Rita Chopra, Mallika Chopra y Gautama Chopra, por ser una expresión viva de las Siete Leyes Espirituales.

A Ray Chambers, Gayle Rose, Adrianna Nienow, David Simon, George Harrison, Olivia Harrison, Naomi Judd, Demi Moore, y Alice Walton por su coraje y entrega a una visión que es imponente, inspiradora, sublime, noble y transformadora de la vida.

A Roger Gabriel, Brent Becvar, Rose Bueno-Murphy y todo mi equipo en el Sharp Center para Medicina Mente-Cuerpo por ser ejemplos de inspiración para todos nuestros internos y pacientes.

A Deepak Singh, Geeta Singh, y todo mi equipo de Quantum Publications, por su constante energía y dedicación.

A Muriel Nellis por su tenaz intención por mantener el nivel más alto de integridad en todos nuestros esfuerzos.

A Richard Perl por ser gran ejemplo de auto-referencia.

A Arielle Ford por su fe imperturbable en el autoconocimiento y su entusiasmo contagioso, y empeño para transformar las vidas de tanta gente.

Y a Bill Elkus por su comprensión y amistad.

INTRODUCCIÓN

Aunque este libro lleva el título de *Las Siete Leyes Espirituales del Éxito*, también podría ser llamado *Las Siete Leyes Espirituales de la Vida*, porque éstos son los mismos principios que la naturaleza utiliza para crear todo lo que existe en materia — todo lo que podemos ver, oír, oler, saborear o tocar.

En mi libro *Cómo Crear Abundancia: Conciencia de Riqueza en el Campo de Todas las Posibilidades*, he tratado los pasos a seguir para tener una conciencia de abundancia, basados en un entendimiento verdadero de la mecánica de la naturaleza.

Las Siete Leyes Espirituales del Éxito forman la esencia de esta enseñanza. Cuando este conocimiento es incorporado en tu conciencia, te dará la habilidad de crear riqueza ilimitada con facilidad y sin ningún esfuerzo, y experimentar éxito en cada cosa que hagas con empeño.

El éxito en la vida puede ser definido como la expansión continua de felicidad y la realización progresiva de metas dignas y de valor. El éxito es la habilidad de realizar tus deseos con facilidad y sin esfuerzo. Y aún así el éxito, incluyendo la creación de riqueza, siempre se ha considerado como un proceso que requiere de trabajo duro, y es a menudo considerado a expensas de otros. Necesitamos un acercamiento más espiritual hacia el éxito y la afluencia, que es el flujo abundante de todas las cosas buenas hacia ti. Con el conocimiento y la práctica de la ley espiritual, nos colocamos en armonía con la naturaleza y creamos con despreocupación, alegría y amor.

Hay muchos aspectos del éxito; la riqueza material es sólo un componente. Más aún, el éxito es un camino, no un destino. La abundancia material, en toda su expresión, resulta ser una de esas cosas que hace el camino más agradable. Pero el éxito incluye también buena salud, energía y entusiasmo por la vida, relaciones plenas, libertad creativa, estabilidad emocional y psicológica, sentido de bienestar y una mente en paz.

Aún con la experiencia de todas estas cosas, quedaremos insatisfechos, a menos que alimentemos las semillas de divinidad dentro de nosotros. En realidad, somos divinidad disfrazada, y los dioses y diosas en embrión que están contenidos dentro de nosotros buscan la manera de materializarse totalmente. El éxito verdadero es así la experiencia de lo milagroso. Es el despliegue de la divinidad dentro de nosotros. Es la percepción de divinidad adondequiera que vayamos, en todo lo que percibimos — en los ojos de un niño, en la belleza de una flor, en el vuelo de un pájaro. Cuando comencemos a experimentar nuestra vida como la expresión milagrosa de divinidad — no ocasionalmente, sino todo el tiempo — entonces conoceremos el significado verdadero del éxito.

Antes de definir Las Siete Leyes Espirituales, vamos a entender el concepto de ley. La ley es el proceso por el cual lo inmanifiesto se convierte en manifiesto; es el proceso por el cual el observador se convierte en lo observado; es el proceso por el cual el que ve se convierte en el paisaje; es el proceso a través del cual el que sueña manifiesta sus sueños.

Toda la creación, todo lo que existe en el mundo físico,

es el resultado de lo inmanifiesto, transformándose a sí mismo en lo manifiesto. Todo lo que contemplamos proviene de lo desconocido. Nuestro cuerpo físico, el universo físico — cualquier cosa y todo lo que percibimos a través de nuestros sentidos — es la transformación de lo inmanifiesto, lo desconocido y lo invisible a lo manifiesto, conocido y visible.

El universo físico no es otra cosa que el Ser volviéndose hacia sí mismo para experimentarse a sí mismo como espíritu, mente y materia física. En otras palabras, todos los procesos de creación son procesos por los cuales el Ser o divinidad se expresa a sí mismo. La conciencia en movimiento se expresa a sí misma mediante los objetos del universo en la eterna danza de la vida.

La fuente de toda creación es la divinidad (o el espíritu); el proceso de la creación es la divinidad en movimiento (o la mente); y el objeto de la creación es el universo físico (que incluye también el cuerpo físico). Estos tres componentes de realidad, espíritu, mente y cuerpo — u observador, el proceso de observar, y lo observado — son esencialmente lo mismo. Todos vienen del mismo lugar: del campo de potencialidad pura que es puramente inmanifiesto.

Las leyes físicas del universo son en realidad todo este proceso de divinidad en movimiento, o conciencia en movimiento. Cuando entendemos estas leyes y las aplicamos a nuestras vidas, cualquier cosa que deseemos puede ser creada, porque las mismas leyes que utiliza la naturaleza para crear un bosque, o una galaxia, o una estrella, o un cuerpo humano, pueden también lograr el cumplimiento de nuestros más profundos deseos.

Así que ahora repasemos *Las Siete Leyes Espirituales del Éxito* y veamos cómo las podemos aplicar a nuestras vidas.

~ 1 ~

La Ley
de Potencialidad Pura

*La fuente de toda creación es conciencia pura . . .
potencialidad pura buscando
expresarse de lo inmanifiesto a lo
manifiesto.
Cuando nos damos cuenta que nuestro verdadero
Ser es uno de potencialidad
pura, nos alineamos con el poder que
manifiesta todo en el universo.*

No había ni existencia ni no-existencia,
Todo este mundo era energía inmanifiesta . . .
Aquel respiró, sin aliento, por su propio poder.
No había nada más ahí.

— *Himno de la creación, El Rig Veda*

La primera Ley Espiritual del Éxito es la *Ley de Potencialidad Pura*. Esta ley está basada en el hecho, de que somos, en nuestro estado esencial, conciencia pura. Conciencia pura es potencialidad pura; es el campo de todas las posibilidades y creatividad infinita. Conciencia pura es nuestra esencia espiritual. Siendo infinito e ilimitado, es también alegría pura. Otros atributos de la conciencia son conocimiento puro, silencio infinito, equilibrio perfecto, invencibilidad, simplicidad y bienaventuranza. Ésta es la esencia de nuestra naturaleza, es la de potencialidad pura.

Cuando descubres tu naturaleza esencial y sabes quién

eres realmente, en este conocimiento propio está la habilidad de satisfacer cualquier sueño que tengas, porque tú eres la posibilidad eterna, el potencial incomensurable de todo lo que fue, es y será. *La Ley de Potencialidad Pura* podría ser llamada también la *Ley de Unidad*, porque subyacente a la diversidad infinita de la vida está la unidad de un solo y todo-penetrante espíritu. No hay separación entre tú y este campo de energía. El campo de potencialidad pura es tu propio Ser, y entre más experimentes tu propia naturaleza, estarás más cerca al campo de potencialidad pura.

La experiencia del Ser o "Auto-referencia" significa que nuestro punto de referencia interna es nuestro propio espíritu, y no los objetos de nuestra experiencia. Lo opuesto de auto-referencia es referencia al objeto. En la referencia al objeto siempre somos influenciados por objetos fuera del Ser, los cuales incluyen situaciones, circunstancias, gentes y cosas. Al referirnos al objeto estamos constantemente buscando la aprobación de otros. Nuestros pensamientos y nuestro comportamiento son siempre en anticipación a una respuesta. Por lo tanto está basado en el miedo.

En la referencia al objeto sentimos también una necesidad intensa por poder externo. La necesidad de aprobación, la necesidad de controlar las cosas, y la necesidad de poder externo son necesidades que están basadas en el miedo. Esta clase de poder no es el poder de potencialidad pura, o el poder del Ser, o poder *real*. Cuando experimentamos el poder del Ser, hay una ausencia de miedo, no hay necesidad de control, ni lucha de aprobación o necesidad de poder exterior.

En la referencia al objeto, tu punto de referencia interna es tu ego. El ego, sin embargo, no es quien realmente eres. El ego es tu imagen; es tu máscara social; es el papel que estás desempeñando. Tu máscara social crece con la aprobación. Quiere controlar, y se sostiene con poder, porque vive del miedo.

Tu verdadero Ser, que es tu espíritu, tu alma, está completamente libre de esas cosas. Es inmune a la crítica, no tiene miedo a los retos, y no se siente inferior a nadie. Y aún así, es humilde y no se siente superior a nadie, porque reconoce que todos los demás son el mismo Ser, el mismo espíritu con diferentes disfraces. Experimenta respeto por toda la gente, cuando al mismo tiempo no se siente inferior a nadie.

Ésta es la diferencia esencial entre referencia al objeto y auto-referencia. En auto-referencia, experimentas tu propio Ser, que no le tiene miedo a ningún reto y no es inferior a nadie. Así que el poder del Ser es poder verdadero. El poder basado en la referencia al objeto es poder falso. El poder del ego perdura sólo mientras el objeto de referencia perdura.

Si tienes cierto título —o si tienes mucho dinero— el poder que disfrutas está en el título, con el trabajo, en el dinero. El poder basado en el ego sólo durará tanto como esas cosas duren. Tan pronto como el título, el trabajo y el dinero se vayan, así se irá el poder.

El poder del Ser, al contrario, es permanente, porque está basado en el conocimiento del Ser. Y hay ciertas características del poder del Ser.

Atraen a la gente hacia ti, y también atraen cosas que deseas hacia ti. Magnetiza a la gente, situaciones, y circunstancias que apoyan tus deseos. Esto también se llama apoyo de las leyes de la naturaleza. Es el soporte de la divinidad; es el apoyo que proviene de estar en estado de gracia. Tu poder es tal, que disfrutas del vínculo con la gente, y la gente disfruta ese vínculo contigo. Tu poder es aquel de vínculo — un vínculo que viene del amor verdadero.

ᕲ ᕲ ᕲ

¿Cómo podemos aplicar la *Ley de Potencialidad Pura*, el campo de todas las posibilidades, a nuestras vidas? Si quieres disfrutar de los beneficios del campo de potencialidad pura, si quieres hacer uso total de la creatividad intrínseca en la conciencia pura, entonces debes tener acceso a ella. Una manera de tener acceso al campo es a través de la práctica diaria del silencio, de la meditación y el no juzgar. El pasar tiempo con la naturaleza también te dará acceso a las cualidades del campo: creatividad infinita, libertad y bienaventuranza.

La práctica del silencio quiere decir el hacer un compromiso de tomarte cierta cantidad de tiempo para simplemente ser. El experimentar silencio significa retirarse periódicamente de la actividad del hablar. También significa retirarse periódicamente de actividades como ver televisión, escuchar la radio, o leer un libro. Esto disminuye la turbulencia de nuestro diálogo interno.

Toma un poco de tiempo de vez en cuando para experimentar el silencio. O simplemente comprométete a mantener silencio por cierto período de tiempo cada día. Lo puedes hacer por dos horas, o si eso parece mucho, hazlo por un período de una hora. Y de vez en cuando trata de hacerlo por un período de tiempo más largo, como todo un día, o dos días, o hasta una semana.

¿Qué pasa cuando tienes esta experiencia de silencio? Inicialmente tu diálogo interno se vuelve aún más turbulento. Sientes una necesidad intensa de decir cosas. Yo conozco a personas que se vuelven locas el primer o segundo día cuando se comprometen a un período extenso de silencio. Una sensación de urgencia y ansiedad los sobre-coge de repente. Pero cuando se mantienen con la experiencia, su diálogo interno se comienza a tranquilizar. Y pronto el silencio se torna profundo. Esto es porque después de un tiempo la mente se rinde; se da cuenta que no tiene sentido dar vueltas y vueltas, si *tú*, el Ser, el espíritu, el que elige — no vas a hablar, punto. Entonces como el diálogo interno se aquieta, comienzas a experimentar la quietud del campo de potencialidad pura.

El practicar silencio periódicamente o como sea conveniente para ti, es una manera de experimentar la *Ley de Potencialidad Pura*. Pasar tiempo cada día en meditación es otra. Idealmente, deberías meditar por lo menos treinta minutos en la mañana, y treinta minutos en la tarde. A través de la meditación aprenderás a experimentar el campo de silencio puro y conciencia pura. En este campo de silencio puro está el campo de correlación infinita, el campo de poder de organización infinita, la base fundamental de la creación, donde todo está conectado con todo lo demás.

En la quinta Ley Espiritual, *La Ley de Intención y Deseo*, podrás ver cómo puedes introducir un ligero impulso de intención en este campo, y la manifestación de tus deseos se realizará espontáneamente. Primero, tienes que experimentar la quietud. La quietud es el primer requisito para manifestar tus deseos, pues en la quietud se encuentra tu conexión con el campo de potencialidad pura que puede arreglar una infinidad de detalles por ti.

Imagina el arrojar una piedrecilla dentro de un estanque quieto y observar las ondas que produce. Después de un rato, cuando las ondas han desaparecido, tal vez arrojes otra piedra. Eso es exactamente lo que haces cuando entras al campo de silencio puro e introduces tu intención. En este silencio, aún la más ligera intención provocará ondas a través de la base fundamental de la conciencia universal, que conecta todo con todo lo demás. Si no experimentas quietud en tu conciencia, si tu mente es como un océano turbulento, podrías arrojar un edificio dentro de él, y no notarías nada.

En la Biblia hay la expresión "Mantente quieto, y reconoce que Yo soy Dios".

Esto sólo se logra a través de la meditación.

Otra manera de acceso al campo de potencialidad pura es por medio de la práctica del no juzgar. El juzgar es la constante evaluación de cosas como correctas o incorrectas, buenas o malas. Cuando estás constantemente evaluando, clasificando, etiquetando y analizando, creas mucha turbulencia en tu diálogo interno. Esta turbulencia oprime el flujo de energía entre tú y el campo de potencialidad pura. Estás oprimiendo literalmente el espacio entre tus pensamientos.

La "brecha" (el espacio que existe entre tus pensamientos) es tu conexión con el campo de potencialidad pura. Es ese estado de conciencia pura, ese espacio silencioso entre tus pensamientos, esa quietud interna que te conecta con el poder verdadero. Y cuando oprimes la brecha, opri-mes tu conexión con el campo de potencialidad pura y creatividad infinita.

Hay una oración en *Un curso en Milagros* que dice, "Hoy no voy a juzgar nada de lo que ocurra". El no juzgar crea silencio en tu mente. Así que, es una buena idea comenzar tu día con esta afirmación. Durante el día, recuérdate a ti mismo esta afirmación cada vez que te encuentres juzgando. Si el practicar este proceso por todo un día parece difícil, entonces simplemente dite a ti mismo: "En las siguientes dos horas no juzgaré nada", o "Por la siguiente hora experimentaré el no juzgar", y entonces lo puedes extender gradualmente.

A través del silencio, a través de la meditación y a través del no juzgar, tendrás acceso a la primera ley, la *Ley de Potencialidad Pura*. Cuando comiences a hacer esto, puedes agregar un cuarto componente a esta práctica, que es pasar tiempo regularmente en comunión directa con la naturaleza. El pasar tiempo con la naturaleza te permite sentir la interacción armoniosa de todos los elementos y fuerzas de la vida. Te da un sentido de unión con todo en la vida. Ya sea un riachuelo, un bosque, una montaña, un lago, o una playa, esa conexión con la inteligencia de la naturaleza también te ayudará para tener acceso al campo de potencialidad pura.

Debes aprender a ponerte en contacto con la más profunda y pura esencia de tu Ser. Esta esencia verdadera va más allá del ego, no conoce el miedo; es libre; es inmune a la crítica; no le teme a ningún reto, no es inferior a nadie, ni es superior a nadie, está lleno de magia, misterio y encanto.

El acceso a tu más pura esencia también te dará un reflejo del espejo de tus relaciones, todas las relaciones son un reflejo de la relación contigo mismo. Por ejemplo, si tienes culpas, miedo e inseguridad sobre el dinero, o el éxito o cualquier otra cosa, entonces éstos son reflejos de culpa, miedo e inseguridad que son aspectos básicos de tu personalidad. Ninguna cantidad de dinero o éxito va a solucionar estos problemas básicos de tu existencia; sólo la intimidad con el Ser te traerá una curación verdadera. Cuando te bases en el conocimiento de tu verdadero Ser —cuando realmente entiendas tu verdadera naturaleza— nunca te sentirás culpable, con miedo o inseguridad sobre el dinero, o la abundancia, o de realizar tus deseos, porque te darás cuenta de que la esencia de toda riqueza material es energía de vida, es potencialidad pura, y potencialidad pura es tu naturaleza intrínseca.

Como vayas teniendo más y más acceso a tu naturaleza verdadera, recibirás también espontáneamente pensamientos creativos, porque el campo de potencialidad pura es también el campo de creatividad infinita y conocimiento puro. Franz Kafka, el filósofo y poeta austríaco, dijo una vez, "No necesitas dejar tu cuarto. Mantente sentado a tu mesa y escucha. No necesitas siquiera escuchar, simplemente espera. No necesitas siquiera esperar, simplemente aprende a volverte silencioso, quieto y solitario. El mundo se te ofrecerá gratuitamente para que lo desenmascares; no tiene opción; rodará en éxtasis a tus pies".

La abundancia del universo — el prodigioso escaparate de riqueza del universo — es la expresión creativa de la mente de la naturaleza. Entre más sintonizado estás con la mente de la naturaleza, mayor acceso tendrás a su creatividad infinita e ilimitada. Primero, tienes que ir más allá de la turbulencia de tu diálogo interno para poder conectarte con esa mente creativa, abundante, afluente e infinita. Entonces creas la posibilidad de actividad dinámica mientras que al mismo tiempo llevas esa quietud de la eterna e ilimitada mente creativa.

Esta exquisita combinación de mente silenciosa, ilimitada e infinita junto con una mente dinámica, limitada e individual da el equilibrio perfecto de quietud y movimiento, al mismo tiempo que tiene la posibilidad de crear lo que desees. Esta coexistencia de opuestos — quietud y dinamismo al mismo tiempo — te hace independiente de situaciones, circunstancias, gente y cosas.

Cuando admites silenciosamente esta coexistencia exquisita de lo opuestos, te alineas con el mundo de energía — la sopa cuántica, la materia no material que es la fuente del mundo material. Este mundo de energía es fluido, elástico, dinámico, cambiante y siempre en movimiento. Aún así también es inmutable, quieto, callado, eterno y silencioso.

La quietud sola es la potencialidad para la creatividad; el movimiento por si sólo es la creatividad restringida a cierto aspecto de su expresión. La combinación de movimiento y quietud te permite dar rienda suelta a tu creatividad en *todas* direcciones, adondequiera que el poder de tu atención te lleve.

Adondequiera que vayas en medio del movimiento y la actividad, lleva la quietud que posees dentro de ti. Entonces el movimiento caótico alrededor tuyo nunca ensombrecerá tu acceso a la reserva de creatividad, al campo de potencialidad pura.

CÓMO APLICAR LA
LA LEY DE POTENCIALIDAD PURA

Pondré la *Ley de Potencialidad Pura* en práctica, haciendo un compromiso para seguir los siguientes pasos.

(1) Me pondré en contacto con el campo de potencialidad pura dándome tiempo cada día para permanecer en silencio, para simplemente ser. También me sentaré solo en meditación silenciosa por lo menos dos veces al día por aproximadamente treinta minutos en la mañana y treinta minutos por la tarde.

(2) Voy a tomar tiempo cada día para comulgar con la naturaleza y para atestiguar silenciosamente la inteligencia que posee cada cosa viva que existe. Me sentaré en silencio a ver el atardecer, o a escuchar el sonido del mar o del río, o simplemente oler el aroma de una flor. En el éxtasis de mi propio silencio, y la comunión con la naturaleza, disfrutaré el palpitar de

la vida a través de los años, el campo de potencialidad pura y creatividad ilimitada.

(3) Practicaré el no-juzgar. Comenzaré mi día con esta declaración, "Hoy, no juzgaré nada de lo que ocurra"; y a través del día me recordaré del no juzgar.

~ 2 ~

LA LEY DEL DAR

*El universo opera por medio de dinámica
de cambio . . . dar y recibir son
diferentes aspectos del flujo de energía
en el universo.
En nuestra disposición de dar aquello
que buscamos, mantenemos la
abundancia del universo circulando
en nuestras vidas.*

Esta nave frágil que vacías una y otra vez, llenándola por siempre con vida fresca. Esta pequeña flauta que tocas y cargas con prisa sobre montañas y valles, y que respira de prisa a través de su melodía eternamente nueva . . . tus regalos vienen a mí sólo en estas manos mías tan pequeñas. Las eras pasan, y las sigues llenando, y aún hay lugar para llenar.

— *Rabindranath Tagore, Gitanjali*

La segunda ley Espiritual del Éxito es *La Ley del Dar*. Esta ley también podría ser llamada *Ley de Dar* y *Recibir*, pues el universo opera a través del cambio dinámico. Nada es estático. Tu cuerpo es dinámico y está en constante cambio con el cuerpo del universo; tu mente interacciona dinámicamente con la mente del cosmos; tu energía es una expresión de energía cósmica.

El flujo de vida no es nada más que la interacción armoniosa de todos los elementos y fuerzas que estructuran el campo de la existencia. Esta interacción armoniosa de elementos y fuerzas en tu vida opera como la *Ley de Dar*. Tu cuerpo y tu mente y el universo están en constante cambio dinámico; el detener la circulación de energía es como detener el flujo de sangre. Cuando la sangre deja de fluir, comienza a coagularse, a secarse, a estancarse. Por eso debes dar y recibir para poder mantener la riqueza y la afluencia — o cualquier cosa que desees en tu vida — circulando en tu vida.

La palabra afluencia viene de la raíz "affluere" que significa "fluir". La palabra afluencia significa "fluir en abundancia". El dinero es realmente un símbolo de la energía de vida que intercambiamos y la energía de vida que usamos como resultado del servicio que le damos al universo. Otra palabra para dinero es moneda corriente, que también refleja el flujo natural de energía. La palabra "corriente" viene de la palabra en latín "currere" que significa "correr" o "fluir".

Así es que, si detenemos la circulación de dinero — si nuestra única atención es apegarnos a nuestro dinero y atesorarlo — como es energía de vida, detendremos su circulación dentro de nuestras vidas también.

Para poder hacer que esa energía regrese hacia nosotros, debemos de mantener la energía en circulación. Como un río, el dinero debe mantenerse fluyendo; si no, comienza a estancarse, a atorarse, a sofocar y estrangular su propia fuerza de vida. La circulación lo mantiene vivo y vital.

Cada relación es de dar y recibir. El dar engendra el recibir, y recibir engendra el dar. Lo que sube tiene que bajar; lo que sale tiene que volver a entrar. En realidad; recibir es la misma cosa que dar, porque dar y recibir son diferentes aspectos del flujo de energía en el universo. Si detienes el flujo de cualquiera de los dos, interfieres con la inteligencia de la naturaleza.

En cada semilla está la promesa de miles de bosques. Pero la semilla no se debe de atesorar; debe de dar su inteligencia al suelo fértil. A través de lo que tiene que dar, su energía imperceptible fluye hacia su manifestación material.

Entre más das, más recibirás, porque mantendrás la abundancia del universo circulado en tu vida.

De hecho, cualquier cosa que es de valor en la vida solamente se multiplica cuando se da. Aquello que no se multiplica a través de dar es que no vale la pena ni el darlo ni el recibirlo. Si a través del acto de dar, sientes que has perdido algo, entonces el regalo no es verdadero y no causarás aumento en el recibir. Si lo das a regañadientes, no hay energía detrás del dar.

Es la intención detrás de tu dar y recibir lo que es lo más importante. La intención debe ser siempre la de crear felicidad para el que da y el que recibe, porque la felicidad es el apoyo y sustancia de vida y por eso genera abundancia. Lo que recibes es directamente proporcional a lo que das, cuando das incondicionalmente y de corazón. Por eso el acto de dar debe de ser alegre — el estado mental debe de ser aquel en que sientes felicidad en el acto de dar. Entonces la energía detrás del dar se incrementa muchas veces más.

Practicar la *Ley del Dar* es muy simple: si quieres felicidad, dale felicidad a otros; si quieres amor, aprende a amar a los demás; si quieres atención y apreciación, aprende a dar atención y apreciación; si quieres abundancia material, ayuda a otros a tener abundancia. De hecho, la manera más fácil de obtener lo que quieres es ayudando a otros a obtener lo que quieren. Este principio opera para individuos, corporaciones, sociedades y naciones. Si quieres ser bendecido con todas las cosas buenas en la vida, aprende a bendecir silenciosamente a todos con todas las cosas buenas en la vida.

Hasta pensar en dar, pensar en bendecir, o una *simple oración* tiene el poder de afectar a los demás. Esto es porque nuestro cuerpo, reducido a su estado esencial, es un manojo de energía e información localizado en un universo de energía e información. Somos manojos de conciencia localizados en un universo conciente. La palabra "Conciencia" implica más que energía e información — implica energía e información que está viva en sí misma.

Así es que somos manojos de pensamiento en un universo pensante. El pensamiento tiene el poder de transformación.

La vida es la danza eterna de conciencia que se expresa a sí misma como el intercambio dinámico de impulsos de inteligencia entre el microcosmos y el macrocosmos, entre el cuerpo humano y el cuerpo universal, entre la mente humana y la mente cósmica.

Cuando aprendes a dar aquello que buscas, activas y montas la coreografía de la danza con movimientos exquisitos, energéticos y vitales que constituyen el eterno palpitar de vida.

❧ ❧ ❧

La mejor manera de poner en operación la *Ley del Dar* y poner todo el proceso en circulación, es tomar la decisión de que en cualquier momento que entres en contacto con otra persona, le darás algo. No tiene que ser algo material; puede ser una flor, un cumplido, o una oración; de hecho, las formas más poderosas de dar no son materiales. Los regalos de cuidados, atención, afecto, apreciación y amor son algunos de los más preciosos regalos que puedes dar, y no cuestan nada.

Cuando conoces a alguien, puedes silenciosamente enviarle una bendición, deseándole felicidad, alegría y dicha. Esta manera de dar silenciosamente es muy poderosa.

Una de las cosas que me enseñaron cuando era niño, y que he enseñado a mis hijos también, es que nunca vayan a casa de nadie sin llevar algo — que nunca visiten a nadie sin llevarles un regalo. Podrías decir, "¿Cómo puedo darles a otros en este momento cuando no tengo suficiente para mí?" Puedes llevar una flor. Puedes llevar una tarjeta que diga algo sobre los sentimientos que tienes por esa persona a la que estás visitando. Puedes llevarle un cumplido. Puedes llevar una oración.

Toma la decisión de dar adondequiera que vayas, a quienquiera que visites o veas. Siempre y cuando estés dando, estarás recibiendo. Entre más das, adquirirás más confianza en los efectos milagrosos de esta Ley. Al recibir más, tu habilidad de dar más también aumentará.

Nuestra naturaleza verdadera es de riqueza y abundancia; somos naturalmente ricos porque la naturaleza apoya cada necesidad y cada deseo. No carecemos de nada, porque nuestra esencia natural es de potencialidad pura y posibilidades infinitas. Así es que debes saber que ya eres rico por herencia; no importa si tienes mucho o poco dinero, porque la fuente de toda riqueza es el campo de potencialidad pura, es la conciencia la que sabe cómo satisfacer cada necesidad, incluyendo felicidad, amor, risa, paz, armonía y conocimiento. Si buscas estas cosas primero — no solamente para ti, sino para otros — todo lo demás vendrá a ti espontáneamente.

CÓMO APLICAR LA LEY DEL DAR

Pondré la *Ley del Dar* en práctica haciendo un compromiso para seguir los siguientes pasos:

(1) A dondequiera que vaya, y a quienquiera que encuentre, le daré un regalo. El regalo puede ser un cumplido, una flor o una oración. Hoy, le daré algo a todo aquel con el cual entre en contacto, y así empezaré el proceso para que circulen felicidad, riqueza y afluencia en mi vida y en la vida de otros.

(2) Hoy, recibiré con agradecimiento todos los regalos que la vida tiene para ofrecerme. Recibiré los regalos de la naturaleza: la luz del sol y el sonido de los pájaros al cantar, o las lluvias de primavera o la primera nieve del invierno. También me mantendré abierto para recibir de otros, ya sea en la forma de un regalo material, dinero, un cumplido, o una oración.

3) Haré un compromiso para mantener en mi vida la riqueza en circulación dando y recibiendo los regalos más preciados de vida: los regalos de cuidados, afecto, aprecio y amor. Cada vez que me encuentre con alguien, le desearé silenciosamente felicidad, alegría y una sonrisa.

~ 3 ~

La Ley del "Karma" o de Causa y Efecto

*Cada acción genera una fuerza de
energía que regresa a nosotros de la
misma manera . . .
lo que sembramos es lo que
cosechamos.*

*Cuando elegimos acciones que
traen felicidad y éxito para
otros, el fruto de nuestro karma
es felicidad y éxito.*

Karma es la eterna afirmación de libertad humana . . .
Nuestros pensamientos, nuestras palabras y actos son los
hilos de la red que arrojamos sobre nosotros mismos.

— Swami Vivekananda

La tercera ley espiritual del éxito es la *Ley del Karma*.
"Karma" es dos cosas, acción y consecuencia de esa
acción; es causa y efecto simultáneamente, porque cada
acción genera una fuerza de energía que regresa a nosotros
como pago. No hay nada que no sea familiar en la *Ley del
Karma*. Todo mundo ha oído la expresión, "Lo que siem-
bras, cosechas". Obviamente si queremos crear felicidad
en nuestras vidas, debemos aprender a sembrar las semillas
de felicidad. Así es que karma implica la acción de decisiones concientes.

Tú y yo tenemos esencialmente poder de elección

infinita. En cada momento de nuestra existencia, estamos en ese campo de todas las posibilidades donde tenemos acceso a una infinidad de elecciones. Algunas de estas elecciones las hacemos conscientemente, mientras otras son hechas inconscientes. La mejor manera de comprender y mejorar el uso de la ley kármica es volverse conscientes de las decisiones que hacemos a cada momento.

Te guste o no te guste, todo lo que está sucediendo en este momento es el resultado de las decisiones que has hecho en el pasado. Desafortunadamente, muchos de nosotros tomamos decisiones inconscientemente, y no las tomamos como decisiones — y aún así lo son.

Si yo te insultara, probablemente decidirías sentirte ofendido. Si yo te dijera un cumplido, probablemente decidirías sentirte halagado o complacido, pero piénsalo: sigue siendo una decisión.

Yo te podría ofender y te podría insultar, y tú podrías tomar la decisión de no ofenderte. Yo te podría dar un cumplido y tú podrías tomar la decisión de no sentirte halagado tampoco.

En otras palabras, la mayoría de nosotros aunque tenemos poder de elección infinita nos hemos convertido en manojos de reflejos condicionados que están constantemente siendo activados por gente y circunstancias en resultados de conducta predecibles.

Estos reflejos condicionados son como el condicionamiento de Pavlov, que se hizo famoso por demostrar que si le das a un perro algo de comer cada vez que tocas una campana, muy pronto el perro comienza a salivar apenas tocas la campana, pues aprendió a asociar un estímulo con el otro.

La mayoría de nosotros, como resultado del condicionamiento, tenemos respuestas repetitivas y predecibles a un estímulo en nuestro ambiente. Nuestras reacciones parecen ser automáticamente activadas por gentes o circunstancias, y nos olvidamos que éstas siguen siendo decisiones que nosotros estamos tomando a cada momento de nuestra existencia. Simplemente estamos tomando estas decisiones inconscientemente.

Si te detienes por un momento y atestiguas las decisiones que tomas al mismo tiempo que las estás tomando, entonces con el solo acto de atestiguar su proceso lo llevas del reino de la inconciencia al reino de la conciencia. Este proceso de elección consciente y de atestiguar es muy poderoso.

Cuando haces cualquier elección —cualquier elección—te puedes preguntar a ti mismo dos cosas: primero que nada, "¿Cuáles son las consecuencias de esta decisión que estoy tomando?" En tu corazón inmediatamente sabrás cuáles son estas consecuencias. Después, "¿Esta decisión que estoy tomando ahora traerá felicidad para mí y para aquellos alrededor mío?" Si la respuesta es sí, entonces adelante con esa elección. Si la respuesta es no, si esa decisión te traerá aflicción ya sea a ti o a los de tu alrededor entonces no tomes esa decisión. Es tan sencillo como eso.

Sólo existe una elección, fuera de la infinidad de elecciones disponibles en cada segundo, que creará felicidad para ti como para aquéllos alrededor tuyo. Cuando tomas esa decisión, tienes como resultado una forma de comportamiento que se llama acción correcta espontánea. Acción correcta espontánea es la acción correcta en el momento correcto. Es la respuesta correcta a cada situación que sucede. Es la acción que te alimenta a ti y a todos los demás que están influenciados por esa acción.

Hay un mecanismo muy interesante que tiene el universo para ayudarte a tomar las decisiones correctas espontáneamente. El mecanismo tiene que ver con sensaciones en tu cuerpo. Tu cuerpo experimenta dos clases de sensaciones: una es la sensación de bienestar, la otra es la sensación de malestar. En el momento que tomas una decisión consciente, ponle atención a tu cuerpo y pregúntale, "Si tomo esta decisión, ¿qué pasará?" Si tu cuerpo te manda señales de bienestar, esa es la decisión correcta. Si tu cuerpo te envía señales de malestar, entonces no es la decisión apropiada.

Para algunas personas estas señales de bienestar y de malestar están en el área del plexo solar, pero para la mayoría de la gente está en el área del corazón. Conscientemente pon tu atención en el corazón y pregúntale qué debes de hacer. Entonces espera la respuesta — una respuesta física en forma de una sensación. Puede ser *muy leve* — pero está ahí, en tu cuerpo.

Sólo el corazón conoce la respuesta correcta.

La mayoría de la gente piensa que el corazón es blando y sentimental. Pero no lo es. El corazón es intuitivo; es holístico, conoce la totalidad, conoce todas las relaciones que existen. No posee una orientación de ganancia o pérdida.

Intercepta la computadora cósmica — el campo de potencialidad pura, conocimiento puro, y poder de organización infinita — y toma en cuenta todo. A veces, puede no parecer racional, pero el corazón tiene una habilidad de computación que es más precisa y mucho más acertada que cualquier cosa dentro de los límites del pensamiento racional.

Puedes usar la *Ley del Karma* para crear dinero y abundancia, y la circulación de todas las cosas buenas hacia ti, siempre que lo desees. Primero, debes de hacerte consciente de que tu futuro se genera por las decisiones que estás tomando a cada momento de tu vida. Si haces esto siempre, entonces, haces uso total de la *Ley del Karma*.

Entre más tomes tus decisiones dentro del nivel de tu conciencia, tomarás cada vez más decisiones espontáneamente correctas — para ti y para aquéllos alrededor tuyo.

¿Y qué con el karma pasado y cómo te está influenciando ahora? Hay tres cosas que puedes hacer sobre el karma pasado. Uno es pagar tus deudas kármicas. La mayoría de la gente elige hacer esto — inconscientemente, por supuesto. Esto puede ser una decisión que has tomado, también. A veces hay mucho sufrimiento involucrado en el pago de esas deudas, pero la *Ley del Karma* dice que no hay deuda en el universo que no se pague. Hay un sistema de contabilidad perfecto en este universo, y todo es un constante cambio de energía de ir y venir.

La segunda cosa que puedes hacer es transformar o transmutar tu karma en una experiencia más deseable. Este es un proceso muy interesante en el que te preguntas, mientras pagas tu deuda kármica, "¿Qué puedo aprender de esta experiencia?, ¿Por qué está sucediendo esto y cuál es el mensaje que el universo me está dando?, ¿Cómo puedo hacer esta experiencia útil para mi prójimo?".

Haciendo esto, buscas la semilla de la oportunidad y la enlazas con tu dharma, con tu propósito en la vida, de la cual hablaremos en la séptima Ley Espiritual del Éxito. Esto te permite transmutar el karma en una expresión nueva.

Por ejemplo, si te rompes una pierna mientras practicas un deporte, te podrás preguntar, "¿Qué puedo aprender de esta experiencia?, ¿Cuál es el mensaje que el universo me está dando?"

Quizá el mensaje es que necesitas ir más despacio y ser más cuidadoso o ponerle más atención a tu cuerpo la siguiente vez. Si tu dharma es enseñarle a otros lo que sabes, entonces debes preguntarte, "¿Cómo puedo hacer útil esta experiencia para mi prójimo?" Puedes decidir compartir lo que has aprendido, escribiendo un libro de cómo practicar este deporte con seguridad. O puedes diseñar un zapato especial o un soporte para la pierna que prevenga la clase de herida que has sufrido.

De esta manera, pagando tu deuda kármica, habrás también convertido la adversidad en beneficio que puede traerte riqueza y satisfacción. Esta es la transmutación de tu karma a una experiencia positiva. No te has deshecho realmente de tu karma, pero eres capaz de tomar un episodio kármico y crear un karma nuevo y positivo de él.

La tercera manera de tratar con el karma es trascenderlo. Trascender el karma es hacerte independiente de él. La manera de trascender el karma es mantenerte experimentando la brecha, el Ser, el Espíritu. Es como lavar una prenda sucia en una corriente de agua. Cada vez que lavas, se quitan algunas manchas. La sigues lavando una y otra vez, y cada vez se torna un poco más limpia. Lavas o trasciendes las semillas de tu karma deslizándote dentro de la brecha y saliendo de nuevo. Esto por supuesto, se logra a través de la práctica de la meditación.

Todas las acciones son episodios kármicos. Tomar una taza de café es un episodio kármico. Esta acción genera memoria, y la memoria tiene la habilidad o el potencial de generar deseo. El deseo genera otra vez una acción. El software operacional de tu alma es karma, memoria y deseo. Tu alma es un manojo de conciencia que tiene las semillas del karma, memoria y deseo. Al tomar conciencia de estas semillas de manifestación, te conviertes en un generador consciente de realidad.

Al convertirte en alguien que elige conscientemente, comienzas a generar acciones que son para tu evolución y para aquéllos que te rodean. Eso es todo lo que necesitas hacer.

Siempre y cuando el karma sea para evolucionar —para ambos, el Ser y cada uno afectado por el Ser— entonces los frutos del karma serán felicidad y éxito.

CÓMO APLICAR LA LEY DEL "KARMA" O CAUSA Y EFECTO

Pondré la *Ley del Karma* en práctica haciendo un compromiso para seguir los siguientes pasos:

(1) Hoy seré testigo de las decisiones que tome a cada momento. Y en el atestiguar de estas decisiones, las traeré a mi conciencia. Sabré que la mejor manera de preparar cualquier momento en el futuro es estar totalmente consciente del presente.

(2) Siempre que tome mis decisiones, me preguntaré dos cosas: "¿Cuáles son las consecuencias de esta decisión que estoy tomando?" y también si "¿Esta decisión traerá felicidad y satisfacción para mí y para aquéllos a los que les afecte esta decisión?"

(3) Le pediré a mi corazón que me guíe y me guiaré por sus mensajes de bienestar y malestar. Si mi decisión la

siento cómoda, me entegaré a ella. Si mi decisión me produce malestar, me detendré a ver las consecuencias de mi acción con mi visión interna. Esta guía me permitirá tomar decisiones espontáneamente correctas para mí y para los que me rodean.

~ 4 ~

LA LEY
DEL MENOR ESFUERZO

La inteligencia de la naturaleza funciona sin
esfuerzo . . . con despreocupación,
armonía y amor.
Cuando enlazamos las fuerzas de
armonía, felicidad y amor, creamos éxito
y buena fortuna sin esfuerzo.

*Un ser integral sabe a donde ir sin ver, ve sin tener que
mirar, y realiza cualquier cosa sin hacer nada.*

— *Lao Tzu*

La cuarta Ley Espiritual del Éxito es la *Ley del Menor
Esfuerzo*. Esta ley está basada en el hecho de que la
inteligencia de la naturaleza funciona sin esfuerzo, total
entrega y despreocupación. Este es el principio de la acción
mínima, de la no resistencia. Es por lo tanto, el principio de
armonía y amor. Cuando aprendemos esta lección de la
naturaleza, realizamos nuestros deseos con facilidad.

Si observamos cómo trabaja la naturaleza, veremos que
utiliza el menor esfuerzo. El pasto no trata de crecer,
simplemente crece. Los peces no tratan de nadar, simplemente nadan. Las flores no tratan de florecer, florecen.

Los pájaros no tratan de volar, vuelan.

Esta es su naturaleza intrínseca. La tierra no trata de girar sobre su propio eje: la naturaleza de la tierra es girar a una velocidad vertiginosa y precipitarse por el espacio. La naturaleza de los bebés es estar en estado de bienaventuranza. La naturaleza del sol es brillar. La naturaleza de las estrellas es brillar y ser destellantes. La naturaleza humana es de manifestar de una manera fácil y sin esfuerzo nuestros sueños para que se conviertan en forma física.

En la Ciencia Védica, la filosofía antigua de India, este principio es conocido como el principio de economía de esfuerzo, o "Haz menos y logra más". Al final llegas al estado en donde no haces nada y logras todo. Esto quiere decir que con sólo una ligera idea, ésta se manifiesta sin esfuerzo. Lo que comúnmente se conoce como "milagro" es realmente una expresión de la *Ley del Menor Esfuerzo*.

La inteligencia de la naturaleza funciona sin esfuerzo, espontáneamente, sin fricciones. No es lineal; es intuitiva, holística y nos nutre. Y cuando estás en armonía con la naturaleza, cuando estás establecido en el conocimiento de tu verdadero Ser, puedes hacer uso de la *Ley del Menor Esfuerzo*.

Gastas menos energía cuando tus acciones están motivadas por el amor, porque la naturaleza se sostiene por medio de la energía del amor. Cuando buscas poder y control sobre la gente, gastas energía. Cuando buscas dinero o poder para satisfacer tu ego, gastas energía persiguiendo la ilusión de la felicidad en vez de disfrutar la felicidad del momento. Cuando buscamos dinero sólo para nuestro beneficio personal, cortamos el flujo de energía hacia nosotros mismos, e interferimos con la expresión de inteligencia de la naturaleza. Pero cuando tus acciones están motivadas por amor, no hay desperdicio de energía. Cuando tus acciones están motivadas por amor, tu energía se acumula y se multiplica — y el excedente de energía que acumulas y disfrutas puede ser canalizado para crear cualquier cosa que tu quieras, incluyendo riqueza ilimitada.

Puedes pensar en tu cuerpo físico como un mecanismo de control de energía: puede generar, almacenar y gastar energía. Si sabes cómo generar, almacenar y gastar energía de una manera eficiente, entonces puedes crear cualquier cantidad de riqueza. La atención al ego es lo que consume la mayor cantidad de energía. Cuando tu punto de referencia interna es el ego, cuando buscas tener control o poder sobre otra gente o buscas aprobación de otros, gastas y desperdicias energía de manera inútil.

Cuando esa energía es liberada, la puedes canalizar y usar para crear cualquier cosa que quieras. Cuando tu punto de referencia interna es tu Espíritu, cuando eres inmune a la crítica y no le temes a ningún reto, puedes enlazarte al poder del amor, y usar la energía con creatividad para la experiencia de afluencia y evolución.

En *El Arte de Soñar*, Don Juan le dice a Carlos Castañeda, ". . . la mayoría de nuestra energía se va en sostener nuestra importancia. Si fuéramos capaces de perder un poco de esa importancia, dos cosas extraordinarias nos sucederían. Una, liberaríamos nuestra energía de tratar de mantener la idea ilusoria de nuestra grandeza; y dos, nos daríamos suficiente energía para . . . captar un destello de la actual grandeza del universo".

Hay tres componentes para la *Ley del Menor Esfuerzo*, tres cosas que puedes hacer para poner este principio de "haz menos y logra más" en acción. El primer componente es aceptación. Aceptación simplemente significa que harás un compromiso: "Hoy aceptaré a la gente, situaciones, circunstancias y eventos como ocurran". Esto quiere decir que sabré que este momento es como debe ser, porque todo el universo es como debe ser. Este momento — el que estás experimentando ahora — es la culminación de todos los momentos que has experimentado en el pasado. Este momento es como es porque todo el universo es como es.

Cuando luchas en contra de este momento, estás de hecho luchando contra todo el universo. En vez de esto, puedes tomar la decisión de que hoy no lucharás en contra del universo, luchando en contra de este momento.

Esto quiere decir que tu *aceptación* de este momento es total y completa. Aceptas las cosas como *son*, no como deseas que fueran en este momento. Esto es importante que se entienda. Puedes *desear* que las cosas en el futuro sean diferentes, pero en este momento debes de aceptar las cosas como son.

Cuando te sientes frustrado o enojado por una persona o situación, recuerda que no estás reaccionando a la persona o a la situación, sino a tus sentimientos sobre la persona o situación. Estos son *tus* sentimientos, y tus sentimientos no son culpa de nadie más. Cuando reconoces y entiendes esto plenamente, estás listo para tomar responsabilidad de cómo te *sientes* y poderlo cambiar. Si puedes aceptar las cosas como son, estás listo para tomar responsabilidad sobre tu situación y por todos los eventos que ves como problemas.

Esto nos lleva al segundo componente de la *Ley del Menor Esfuerzo*: responsabilidad. ¿Qué es lo que significa responsabilidad? Responsabilidad significa no culpar a nada ni a nadie por tu situación, incluyéndote a ti mismo. Cuando aceptas las circunstancias, este evento, este problema, responsabilidad entonces significa la *habilidad* de tener una *respuesta* creativa a la situación *como se presenta ahora*. Todos los problemas contienen las semillas de la oportunidad, y esta conciencia te permite tomar el momento y transformarlo en una situación o cosa mejor.

Una vez que haces esto, cada situación a la que llamas molesta se convertirá en la oportunidad para la creación de algo bello y nuevo, y cada persona que percibas como tirana o verdugo se convertirá en tu maestro. La realidad es una interpretación. Si eliges interpretar la realidad de esta manera, tendrás muchos maestros alrededor tuyo, y muchas oportunidades para desarrollar.

Siempre que te enfrentes a un tirano o a alguien que te atormente, maestro, amigo o enemigo (todos significan lo mismo) recuérdate a ti mismo, "Este momento es como debe ser". Cualquier relación que hayas atraído a tu vida en este momento es precisamente la que necesitas en tu vida en este momento. Hay un significado oculto detrás de cada evento, y este significado oculto está sirviendo para nuestra evolución.

El tercer componente de la *Ley del Menor Esfuerzo* es el ser indefenso, que quiere decir que tu atención está puesta en el no defenderte, y que has renunciado a la necesidad de convencer a otros de tu punto de vista. Si observas a la gente alrededor tuyo, verás que pasan el noventa por ciento de su tiempo defendiendo su punto de vista. Si solamente renuncias a tu necesidad de defender tu punto de vista, ganarás en esa renuncia acceso a cantidades enormes de energía que se ha desperdiciado antes.

Cuando te vuelves defensivo, culpas a otros, y no aceptas ni te entregas al momento, tu vida encuentra resistencia. Siempre que te encuentras con resistencia, reconoce que si fuerzas la situación, la resistencia sólo aumentará. No te quieres mantener rígido como un árbol alto que se cuartea y se cae con una tormenta. En vez de esto, quieres ser flexible, como una rama que se dobla con la tormenta y sobrevive.

Renuncia totalmente a defender tu punto de vista. Cuando no tienes ningún punto que defender, no permites que se inicien discusiones. Si haces esto consistentemente — si dejas de pelear y de poner resistencia — podrás experimentar el presente de manera total, lo que es un regalo. Alguien me dijo alguna vez, "El pasado es historia, el futuro un misterio, y este momento es un regalo. Es por eso que a este momento se le llama presente".

Si abrazas el presente y te fundes con él, y surges con él, experimentarás un fuego, un brillo, una chispa de éxtasis palpitando en cada ser vivo. Al experimentar esta exaltación del espíritu en todo lo que está vivo, comenzarás a tener intimidad con él, la felicidad nacerá dentro de ti, y dejarás la terrible carga y estorbo de defensa, resentimiento y dolor. Sólo entonces te harás alegre, despreocupado, alegre y libre.

En esta libertad simple y alegre, sabrás sin lugar a dudas en tu corazón que lo que deseas está a tu alcance siempre que lo quieras, porque tu deseo está al nivel de la felicidad, no al nivel de la ansiedad o del miedo. No necesitas justificarte; simplemente declara la intención a ti mismo, y experimentarás satisfacción, gozo, alegría, libertad y autonomía en cada momento de tu vida.

Haz un compromiso de seguir el camino de la no re- sistencia. Éste es el camino por el cual la inteligencia de la naturaleza se desenvuelve espontáneamente, sin fricción y sin esfuerzo. Cuando tienes esta exquisita combinación de no defenderte, de aceptación y responsabilidad, ex- perimentarás el flujo de la vida sin esfuerzo.

Cuando te mantienes abierto a todos los puntos de vista — tus sueños y deseos fluirán con el deseo de la naturaleza. Entonces puedes liberar tus intenciones, sin apego, y simplemente esperar la estación apropiada para que tus sueños se conviertan en realidad. Puedes estar seguro de que cuando el momento sea adecuado, tus dese- os se manifestarán. Ésta es la *Ley del Menor Esfuerzo*.

Como Aplicar la Ley del Menor Esfuerzo

Pondré en práctica la *Ley del Menor Esfuerzo*, haciendo un compromiso para seguir los siguientes pasos:

(1) Practicaré *aceptación*. Hoy aceptaré a la gente, situaciones, circunstancias y eventos como ocurran. Sabré que *este momento es como debe ser*. No lucharé en contra del universo luchando en contra de este momento. Mi aceptación es total y completa. Acepto las cosas tal y como son en este momento, y no como quisiera que fueran.

(2) Habiendo aceptado las cosas como son, tomaré *responsabilidad* por mi situación y por todos aquellos eventos que yo perciba como poblemas. Sé que el tomar responsabilidad significa el no culpar a nadie o nada por mi situación (y esto me incluye a mí también). También sabré que cada problema es una oportunidad

disfrazada, y esta conciencia de oportunidad me permite tomar este momento y transformarlo en un beneficio mayor.

(3) Hoy mi conciencia se mantendrá establecida en la *no defensa*. Renunciaré a la necesidad de defender mi punto de vista. No sentiré necesidad de convencer a otros a aceptar mi punto de vista. Me mantendré abierto a cualquier punto de vista y no me apegaré con rigidez a ninguno de ellos.

~ 5 ~

LA LEY DE
INTENCIÓN Y DESEO

*Inherente en cada intención y deseo está la mecánica
para su realización . . . La intención y el deseo
en el campo de potencialidad pura tienen poder de
organización infinita.*

*Cuando introducimos una intención en
el suelo fértil de potencialidad pura,
ponemos este poder de organización infinita
a trabajar para nosotros.*

Al principio había deseo, que era la primer semilla de mente;
los sabios, habiendo meditado en sus corazones, han descu-
bierto por medio de su sabiduría la conexión de lo que existe
con lo que no existe.

— *El Himno de la Creación, El Rig Veda*

La quinta Ley Espiritual del Éxito es la *Ley de Intención y Deseo*. Esta ley está basada en el hecho de que la energía y la información existen en todos lados dentro de la naturaleza. De hecho al nivel del campo cuántico, no hay más que energía e información, el campo cuántico no es más que otra etiqueta para el campo de conciencia pura o potencialidad pura. Este campo cuántico es influenciado por la intención y el deseo. Vamos a examinar este proceso con más detalle.

Una flor, un arco iris, un árbol, una hoja, un cuerpo humano, cuando son descompuestos a sus componentes esenciales, son energía e información. Todo el universo, en su naturaleza esencial, es el *movimiento* de energía e información. La única diferencia entre tú y un árbol es la información y energía contenida en sus respectivos cuerpos.

En el nivel material, los dos, tú y el árbol están hechos de los mismos elementos reciclados: principalmente carbono, hidrógeno, oxígeno, nitrógeno y otros elementos en cantidades mínimas. Podrías comprar estos elementos en una tienda por un par de monedas. Por lo tanto, la diferencia entre tú y el árbol no es el carbono o el hidrógeno, o el oxígeno. De hecho, tú y el árbol están constantemente intercambiando su carbono y oxígeno el uno con el otro. La verdadera diferencia entre ustedes dos está en la energía y la información.

En el esquema de la naturaleza, tú y yo somos especies privilegiadas. Tenemos un sistema nervioso que es capaz de hacerse *conciente* de la energía y contenido de información de ese campo localizado que da por resultado nuestro cuerpo físico. *Experimentamos* este campo subjetivamente como nuestros pensamientos, sentimientos, emociones, deseos, memorias, instintos y creencias. Este mismo campo es experimentado objetivamente como el cuerpo físico y a través del cuerpo físico, experimentamos este campo como el mundo. Todo es lo mismo y es por eso que los antiguos sabios decían: "Yo soy eso, tú eres eso, todo esto es eso, y eso es todo lo que hay".

Tu cuerpo no está separado del cuerpo del universo; al nivel mecánico cuántico no hay límites bien definidos. Tú eres como una onda, una fluctuación, una convulsión, un remolino, un disturbio localizado en el gran campo cuántico. El gran campo cuántico — el universo — es la extensión de tu cuerpo.

No sólo el sistema nervioso del cuerpo humano es capaz de hacerse conciente de la información y energía de su propio campo cuántico, y ya que la conciencia humana es infinitamente flexible a través de su maravilloso sistema nervioso, eres capaz de cambiar concientemente el contenido de información que da como resultado tu cuerpo humano. Tú puedes cambiar concientemente la energía y el contenido de información de tu *propio* cuerpo mecánico cuántico, y así influenciar la energía y el contenido de información de la extensión de tu cuerpo — tu ambiente, tu mundo — y hacer que las cosas se manifiesten en él.

Este cambio conciente es producto de las dos cualidades heredadas en la conciencia: atención e intención. La atención es energía y la intención transforma. El objeto de tu atención crecerá más dentro de tu vida, y lo que ignoras se marchitará, se desintegrará y desaparecerá. En cambio la intención acciona la transformación de energía e información. La intención organiza su propia realización.

La calidad de *intención* en el objeto de atención organizará una infinidad de eventos de tiempo y espacio para lograr el resultado que se intenta, seguida por las otras leyes espirituales del éxito. Esto es porque la intención en el campo fértil de la atención tiene poder de organización infinita. Poder de organización infinita quiere decir que tiene el poder de organizar una infinidad de eventos de espacio y de tiempo, todos al mismo tiempo. Podemos ver la expresión de este poder de organización infinita en cada brizna de pasto, en cada flor, en cada célula de nuestro cuerpo. Lo vemos en todo lo que está vivo.

En el esquema de la naturaleza, todo está correlacionado y todo está conectado con todo lo demás. La marmota sale de la tierra y entonces sabes que pronto será primavera. Los pájaros comienzan a emigrar en cierta dirección en cierto tiempo del año. La naturaleza es una sinfonía, y esa sinfonía está siendo organizada silenciosamente en el campo esencial de la creación.

El cuerpo humano es otro buen ejemplo de esta sinfonía. Una sola célula en el cuerpo humano está realizando cerca de seis trillones de cosas por segundo, y tiene que saber lo que todas las demás células están haciendo al mismo tiempo. El cuerpo humano puede tocar música, matar gérmenes, hacer un bebé, recitar un poema, y observar el movimiento de las estrellas, todo al mismo tiempo, ya que el campo de correlación infinita es parte de su campo de información.

Lo que es maravilloso del sistema nervioso de la especie humana, es que puede dominar este poder de organización infinita a través de la intención conciente. La intención en la especie humana no está arreglada o encerrada dentro de una red rígida de energía e información. Tiene flexibilidad infinita. En otras palabras, mientras no violes las otras leyes de la naturaleza, tú puedes a través de tu intención manejar literalmente las leyes de la naturaleza para realizar tus sueños y tus deseos.

Tú puedes poner a trabajar la computadora cósmica con su poder de organización infinita para ti mismo.

Puedes ir a esa fuente de creación e introducir una intención, y con sólo introducir la intención, activarás el campo de correlación infinita.

La intención proporciona la base para que el flujo sin fricción de potencialidad pura, busque sin esfuerzo y espontáneamente expresarse de lo inmanifiesto a lo manifiesto. La única precaución es que tu intención la debes usar para el beneficio de la humanidad. Esto sucede espontáneamente cuando estás alineado con las Siete Leyes Espirituales del Éxito.

La intención es la verdadera fuerza detrás del deseo. La intención sola es muy poderosa, porque es deseo sin apego al resultado. El deseo por sí solo es débil, porque el deseo en la mayoría de la gente es atención con apego. La intención es deseo con un seguimiento estricto a todas las demás leyes, particularmente, a la *Ley del Desapego*, que es la sexta ley espiritual del éxito.

La intención combinada con desapego nos lleva a una vida centrada, a tener conciencia del momento presente. Cuando la acción es realizada con conciencia del momento presente, es cuando es más efectiva. Tu *intención* es para el futuro, pero tu *atención* está en el presente. Siempre y cuando tu atención esté en el presente, entonces tu intención para el futuro se manifestará, porque el futuro se crea en el presente. Debes de aceptar el presente como es. Acepta el presente y pon tu intención en el futuro. El futuro es algo que siempre puedes crear a través de tu intención con desapego, pero nunca debes de luchar en contra del presente.

El pasado, presente y futuro son todos propiedades de la consciencia. El pasado es el recuerdo, la memoria; el futuro es anticipación, el presente es consciencia. Así es que el tiempo es el movimiento del pensamiento. Los dos, pasado y futuro nacen en la imaginación; sólo el presente, que es consciencia, es real y eterno. Es el potencial para el tiempo y el espacio, materia y energía. Es un campo de posibilidades eternas experimentándose a sí mismo como fuerzas abstractas, ya sea luz, calor, electricidad, magnetismo o gravedad. Estas fuerzas no están ni en el pasado ni en el futuro. Simplemente *están*.

Nuestra interpretación de estas fuerzas abstractas nos da la experiencia concreta de fenómenos y formas. La memoria de interpretaciones de fuerzas abstractas crea la experiencia del pasado; las interpretaciones anticipadas de las mismas fuerzas abstractas crean el futuro. Son la calidad de atención en la conciencia. Cuando estas cualidades se liberan de la carga del pasado, entonces la acción en el presente se convierte en suelo fértil para la creación del futuro.

La intención basada en esta libertad sin apego al presente, sirve como catalizador para la mezcla correcta de materia, energía y eventos de espacio y tiempo para crear cualquier cosa que deseas.

Si tienes una vida centrada, en la conciencia del presente momento, entonces los obstáculos imaginarios — que son más de noventa por ciento de los obstáculos percibidos — se desintegran y desaparecen. El resto que es de cinco a diez por ciento de obstáculos percibidos pueden ser cambiados a oportunidades a través de la intención sobre un punto específico.

La atención en un punto específico es aquella calidad de atención que no se doblega en su propósito. La atención sobre un punto específico quiere decir que debes mantener tu atención en el desenlace de tu intención con tal indomable propósito, que rechaces totalmente cualquier obstáculo que pueda consumir y disipar la calidad de enfoque de tu atención. Que exista una total y completa exclusión de todo obstáculo en tu conciencia. Tu puedes mantener una serenidad firme y al mismo tiempo dedicarte a tu meta con pasión intensa. Esta es el poder de la conciencia sin apego y la atención sobre un punto específico simultáneamente.

Aprende a utilizar el poder de intención, y podrás crear cualquier cosa que desees. También puedes obtener resultados a través de esfuerzo e intento, pero tiene su precio. El precio es estrés, ataques cardíacos y el comprometer la función de tu sistema inmunológico. Es mucho mejor ejecutar los siguientes cinco pasos para satisfacer tus deseos, la intención genera su propio poder:

(1) Introdúcete en la brecha. Esto quiere decir que te centras en ese espacio silencioso entre tus pensamientos, para estar en silencio al nivel del Ser que es nuestro estado esencial.

(2) Establecido en ese estado del Ser, libera tus intenciones y deseos. Cuando estás de hecho en la brecha, no hay pensamientos, no hay intención, pero cuando sales de la brecha — en esa unión entre la brecha y el

pensamiento — introduces la intención. Si tienes una serie de metas, las puedes escribir, y tener tu inten-ción enfocada en ellas antes de introducirte en la brecha. Si quieres una carrera de éxito, por ejemplo, te introduces en la brecha con esa intención, y la intención ya estará ahí como un leve golpe en tu conciencia. Liberar tus intenciones y deseos en la brecha significa plantarlas en un suelo fértil de poten-cialidad pura, y esperar a que florezcan cuando la estación sea la apropiada. No quieres desenterrar las semillas de tus deseos para ver cómo están creciendo, o apegarte a la forma en que van a desarrollarse. Simplemente las quieres liberar.

(3) Mantente en estado de auto-referencia. Esto quiere decir que te mantengas establecido en la conciencia de tu verdadero Ser — tu Espíritu, tu conexión con el campo de potencialidad pura. También quiere decir que no te veas a ti mismo a través de los ojos del mundo, o que te permitas a ti mismo ser influenciado por las opiniones y críticas de otros. Una manera de mantener ese estado de auto-referencia es guardar

tus deseos para ti solo; no los compartas con nadie a menos que ellos compartan los mismos deseos que tú tienes y estén estrechamente ligados a ti.

(4) Renuncia a tu apego al desenlace. Esto quiere decir que renuncies al apego a un resultado específico y que vivas en la sabiduría de la incertidumbre. Quiere decir que disfrutes cada momento del camino de tu vida, aún si no sabes cuál va a ser el resultado.

(5) Deja que el universo arregle los detalles. Cuando tus intenciones y tus deseos son liberados en la brecha, tienen poder de organización infinita para arreglar todos los detalles por ti.

Recuerda que tu naturaleza verdadera es de Espíritu puro. Lleva la conciencia de tu espíritu adondequiera que vayas, suavemente libera tus deseos, y el universo arreglará los detalles para ti.

Cómo Aplicar la Ley de
la Intención y el Deseo

Pondré la *Ley de la Intención y el Deseo* en práctica
haciendo un compromiso para seguir los siguientes
pasos:

(1) Haré una lista de mis deseos. Llevaré esta lista conmigo adondequiera que vaya. Leeré esta lista antes
de hacer meditación y de entrar en silencio. La leeré
antes de dormir por las noches. La leeré cuando me
despierte por las mañanas.

(2) Liberaré esta lista de mis deseos y me rendiré al seno
de la creación, creyendo que cuando las cosas no son
como yo quisiera, hay una razón, y que el plan cósmico
ha diseñado para mí más grandeza que aquélla que yo
haya podido concebir.

(3) Me recordaré el practicar conciencia del momento

presente en todas mis acciones. Me negaré a permitir obstáculos que consuman y disipen la calidad de mi atención en el momento presente. Aceptaré el presente como es, y manifestaré el futuro a través de mis más profundas y preciadas intenciones y deseos.

≈ 6 ≈

LA LEY
DEL DESAPEGO

*En el desapego se basa la sabiduría de la
incertidumbre. En la sabiduría de lo
incierto se basa la liberación de nuestro
pasado, de lo conocido, que es la prisión del
condicionamiento pasado.*

*En nuestra voluntad de entrar en lo
desconocido, el campo de todas las posibilidades,
nos rendimos a la mente creativa que organiza
la danza del universo.*

Como dos pájaros dorados encaramados en el mismísimo
árbol, como íntimos amigos, el ego y el Ser viven en el mis-
mo cuerpo. El primero come lo dulce y lo agrio de las frutas
del árbol de la vida, mientras el otro observa con desapego.

— El Mundaka Upanishad

La sexta Ley Espiritual del Éxito es la *Ley del Desapego*. La *Ley del Desapego* dice que para adquirir cualquier cosa en el universo físico tienes que renunciar a tu apego hacia él. Esto no quiere decir que renuncies a la intención de crear tu deseo. No renuncias a la intención y no renuncias al deseo. Renuncias a tu apego al resultado.

La práctica de esto tiene mucho poder. En el momento en el que renuncias a tu apego por el resultado, combinando tu intención en un punto fijo tu deseo. Cualquier cosa que quieras puedes adquirirla a través del desapego, porque el apego está basado en el miedo y la inseguridad; la necesidad de seguridad se basa en el desconocimiento de tu verdadero Ser.

El ser es fuente de riqueza, de abundancia o de cualquier cosa en el mundo físico y la conciencia es la que sabe cómo realizar y satisfacer una necesidad, todo lo demás — coches, casas, cheques, dinero, ropas y aviones — son sólo símbolos. Los símbolos son transitorios; van y vienen. Al desear estos símbolos nos estamos conformando con el mapa en vez del territorio. Esto crea ansiedad y al final te hace sentir vacío por dento, pues estás dando a cambio tu Ser por los *símbolos* de tu ser.

El apego viene de la pobreza de conciencia, pues el apego es siempre a los símbolos. El desapego es sinónimo de riqueza de conciencia, ya que con desapego hay libertad para crear. Solo si estamos comprometidos pero con desapego podemos tener felicidad y alegría. Entonces los símbolos de riqueza son creados espontáneamente y sin esfuerzo.

Sin desapego somos prisioneros del desamparo, de la desesperación, de las necesidades mundanas, de los asuntos triviales, y de la seriedad — que son los aspectos que distinguen la existencia mediocre de cada día y la pobreza de conciencia.

La verdadera riqueza de conciencia es la habilidad de tener todo lo que desees, a cualquier hora que lo desees, y con el menor esfuerzo. Para poder experimentar esto tienes que estar basado en la sabiduría de lo incierto, allí encontrarás la libertad de crear cualquier cosa que desees.

La gente está buscando constantemente seguridad, y esa búsqueda de seguridad es en realidad algo efímero. Hasta el apego al dinero es un signo de inseguridad. Podrás decir, "Cuando tenga X millones de dólares, entonces estaré seguro. Entonces seré económicamente independiente y me jubilaré y haré todas las cosas que quiero hacer". Esto nunca sucede . . . *jamás* sucede.

Aquellos que buscan seguridad la persiguen por toda una vida sin encontrarla nunca, pues se evade y es efímera. La seguridad nunca se puede obtener solamente con dinero.

No importa cuánto dinero tengas en el banco, el apego al dinero siempre creará inseguridad. De hecho, algunas gentes que tienen mucho dinero son las más inseguras.

La búsqueda de seguridad es una ilusión. En las antiguas tradiciones de sabiduría, la solución para todo el dilema se basa en la sabiduría de la inseguridad, o en la sabiduría de la incertidumbre. Esto quiere decir que la búsqueda de seguridad y certidumbre es en realidad un *apego* a lo conocido. ¿Y qué es lo conocido? Lo conocido es nuestro pasado. Lo conocido no es otra cosa que nuestro condicionamiento pasado. En esto no hay absolutamente nada de evolución. Cuando no hay evolución, hay estancamiento, entropía, desorden y decadencia.

Lo incierto por el contrario, es el suelo fértil de creatividad pura y libertad. Lo incierto significa entrar dentro de lo desconocido a cada momento de nuestra existencia. Lo desconocido es el campo de todas las posibilidades, siempre frescas, siempre abierto a la creación de las nuevas manifestaciones . Sin lo incierto y lo desconocido, la vida no es más que una repetición viciada de memorias gastadas.

Te conviertes en la víctima del pasado y tu verdugo es lo que queda de ayer de ti mismo.

Renuncia a tu apego a lo conocido, entra a lo desconocido, y entrarás al campo de todas las posibilidades. En tu deseo de entrar a lo desconocido, tendrás la sabiduría de la incertidumbre. Esto quiere decir que en cada momento de tu vida, tendrás entusiasmo, aventura, misterio. Experimentarás la diversión de la vida — la magia, la celebración, el regocijo y la exaltación de tu propio espíritu.

Cada día puedes buscar la emoción de lo que pueda ocurrir en el campo de todas las posibilidades. Cuando experimentas lo incierto, estás en el camino correcto. Así que no te rindas. No tienes que tener una idea exacta y rígida de qué es lo que vas a hacer la semana próxima o el año próximo, pues si tienes una idea muy clara de lo que va a suceder y te apegas a ello, entonces cierras toda *la gama de posibilidades*.

Una característica del campo de todas las posibilidades es la correlación infinita. El campo puede organizar una infinidad de eventos de espacio y tiempo para lograr el resultado de la intención, pero al apegarte, tu intención se encierra dentro de un estado mental rígido y pierdes la fluidez, la creatividad, y la espontaneidad que son inherentes al campo. Cuando estás apegado congelas tu deseo dentro de un armazón rígido, que lo aísla de la fluidez y flexibilidad infinita y esto hace que interfiera con todo el proceso de creación.

La *Ley del Desapego* no interfiere con la *Ley de la Intención y del Deseo*, siempre y cuando establezcas tus metas. Necesitas tener la intención de ir en determinada dirección, y una meta. Sin embargo, entre el punto A y el punto B hay un factor de incertidumbre y de posibilidades infinitas, y tú puedes cambiar de dirección en cualquier momento si es que encuentras un ideal más elevado, o algo más emocionante. Hay menos posibilidades de que trates de forzar soluciones a los problemas, lo cual te capacita para mantenerte alerta a las oportunidades.

La *Ley del Desapego* acelera todo el proceso de evolución. Cuando entiendes esta ley, no fuerzas las soluciones. Cuando fuerzas las soluciones, lo que haces es que creas nuevos problemas. Cuando pones tu atención en lo incierto y eres testigo de ello, mientras esperas la solución con expectativas de que ésta salga del caos y la confusión, entonces el resultado es algo fabuloso y emocionante.

Este estado de alerta, que es estar preparado en el presente, en el campo de lo incierto, se junta con tu objetivo y tu intención, y te permite ver la oportunidad. ¿Qué es la oportunidad? Ésta está dentro de cada uno de los problemas que tienes en tu vida. Cada problema que tienes en tu vida es la semilla de una oportunidad para que tengas un beneficio mayor. Si percibes esto, te abres a una gama inmensa de posibilidades, lo cual mantiene el misterio, la maravilla, la emoción y la aventura viva.

Puedes ver que cada problema que tienes en tu vida es una oportunidad para obtener un beneficio mayor.

Puedes mantenerte alerta a las oportunidades basándote en la sabiduría de lo incierto. Cuando estás preparado y te encuentras con la oportunidad, la solución aparece espontáneamente.

A este resultado se le llama a menudo "buena suerte". Buena suerte no es otra cosa que preparación y oportunidad juntos. Cuando estas dos cosas son mezcladas con un atestiguamiento vigilante del caos, la solución que emerge es de beneficio para tu propia evolución y para todos aquéllos con los que entras en contacto. Esta es la receta perfecta para el éxito, y está basada en la *Ley del Desapego*.

CÓMO APLICAR
LA LEY DEL DESAPEGO

Pondré la *Ley del Desapego* en práctica haciendo un compromiso para seguir los siguientes pasos:

(1) Hoy, me comprometeré a no tener apego. Me permitiré y permitiré a aquellos alrededor mío la libertad de ser como son. No impondré con rigidez mi idea de cómo deben de ser las cosas. No forzaré soluciones a los problemas, para no crear más problemas. Participaré en todo con total desapego.

(2) Hoy incluiré lo incierto como uno de los ingredientes esenciales de mi experiencia. Dentro de mi deseo de aceptar lo incierto, las soluciones brotarán del problema, de la confusión, del desorden y del caos, espontáneamente. Me sentiré más seguro, entre más inciertas parezcan las cosas, pues lo incierto es mi camino hacia la libertad. A través de la sabiduría de lo

incierto, encontraré mi seguridad.

(3) Penetraré en el campo de todas las posibilidades y anticiparé la emoción que pueda ocurrir cuando me mantengo abierto a una infinidad de opciones. Cuando entre al campo de todas las posibilidades, experimentaré toda la diversión, aventura, magia y misterio de la vida.

~ 7 ~

LA LEY DEL "DHARMA" O PROPÓSITO EN LA VIDA

Todos tenemos un propósito en la vida . . .
un don único o talento especial para
darles a otros.

Cuando combinamos este talento único
con el servicio a otros, experimentamos el
éxtasis y la exaltación de nuestro
propio espíritu, que es la meta final de
nuestras metas.

7

LA LEY DEL "DHARMA O PROPÓSITO" EN LA VIDA

Cuando trabajas eres una flauta cuyo corazón es convertido en música por el murmullo de las horas. . . . ¿Y qué es trabajar con amor? Es tejer la tela con hilos extraídos de tu corazón, aún cuando tu amado fuera a usar esa prenda. . . .

— Kahlil Gibran, El Profeta

La séptima Ley Espiritual del Éxito es la *Ley del Dharma*. Dharma en Sánscrito quiere decir "Propósito en la vida". La *Ley del Dharma* dice que nos hemos manifestado en forma física para cumplir un propósito. El campo de potencialidad pura es la divinidad en esencia, lo divino toma la forma humana para realizar su propósito.

De acuerdo a esta ley, tú tienes un talento único y una manera única de expresarlo. Hay algo que tú puedes hacer mejor que cualquier persona en todo el mundo — y para cada talento y cada expresión única de ese talento, hay también necesidades únicas. Cuando estas necesidades se combinan con la expresión creativa de tu talento, brilla la chispa que crea la abundancia. Si expresas tus talentos para satisfacer necesidades creas abundancia y riqueza ilimitada.

Enseña a los niños desde el principio este pensamiento, verás el efecto que tiene en sus vidas. De hecho, yo hice esto con mis propios hijos. Una y otra vez, les dije que había una razón por la cual estaban aquí, y que la tenían que encontrar por ellos mismos. Oyeron esto desde la edad de cuatro años. A esa edad también les enseñé a meditar, y les dije, "No quiero que nunca se preocupen por ganar dinero en la vida. Si no son capaces de hacerlo cuando crezcan, yo se lo daré, así es que no se preocupen por eso. No quiero que se enfoquen en salir bien en la escuela. No quiero que se enfoquen en sacar las mejores calificaciones o en ir a las mejores universidades. Para mí su único enfoque debe de ser el preguntarse cómo pueden servir a la humanidad, y el determinar cuáles son sus talentos únicos. Tienen un talento único que nadie más tiene, y tienen una manera especial de expresarlo, y nadie más lo tiene.

"Finalmente acabaron yendo a las mejores escuelas, sacando las mejores calificaciones, y aún en la universidad, son especiales y autosuficientes económicamente, pues se enfocan *en el por qué estan aquí y qué tienen que dar*. Esta es la *Ley del Dharma*".

Hay tres componentes para la *Ley del Dharma*. El primer componente dice que cada uno de nosotros está aquí para descubrir su verdadero Ser, para saber que nuestro verdadero Ser es espiritual, que esencialmente somos seres espirituales que han tomado manifestación en forma física. No somos seres humanos que tienen experiencias espirituales ocasionales — por el contrario somos seres espirituales que tienen ocasionalmente experiencias humanas.

Cada uno de nosotros está aquí para descubrir nuestro Ser superior o Ser espiritual. Esa es la primera realización de la *Ley del Dharma*, nosotros mismos debemos de encontrar que dentro de nosotros hay un Dios o Diosa en embrión que quiere nacer para así poder expresar nuestra divinidad.

El segundo componente de la *Ley del Dharma* es el expresar nuestros talentos únicos. La *Ley del Dharma* dice que cada ser humano tiene un talento único. Tú tienes un talento expresado tan individualmente que nadie más en este planeta lo tiene, o lo puede expresar igual. Esto quiere decir que hay una cosa que tú sabes hacer, y una manera que tienes de hacerlo, que es mejor que cualquiera en todo el planeta. Cuando lo realizas, pierdes el sentido del tiempo. Cuando expresas ese talento único que posees —o en muchos casos más de un talento único, la expresión de ese talento te lleva a una conciencia sin tiempo.

El tercer componente de la *Ley del Dharma* es servicio a la humanidad — servir a tu prójimo y hacerte las preguntas, "¿Cómo puedo ayudar?, ¿Cómo puedo ayudar a todos aquellos con los cuales entro en contacto?" Cuando combinas la habilidad de expresar tu talento único con el servicio a la humanidad, entonces haces uso total de la *Ley del Dharma*. Conectado con la experiencia de tu propia espiritualidad, el campo de potencialidad pura, *no hay manera* de que no puedas tener acceso a la abundancia ilimitada, porque ésta es la manera *real* por la cual la abundancia se adquiere.

Esta no es abundancia temporal; es permanente, a causa de tu talento único, tu manera de expresarlo, y tus servicios y tu dedicación a tu prójimo, que descubres a través de las preguntas, "¿Cómo puedo ayudar?" en vez de "¿Qué hay para mí?"

La pregunta "¿Qué hay para mí?" es el diálogo interno del ego. Preguntando "¿Cómo puedo ayudar?" es el diálogo interno del espíritu. El espíritu es ese dominio de tu conciencia en que experimentas tu universalidad. Con sólo cambiar tu diálogo interno de "¿Qué hay para mí?" a "¿Cómo puedo ayudar?" automáticamente vas más allá del ego a los dominios de tu espíritu. Mientras que la meditación es la forma más útil para entrar en el dominio del espíritu, cambiando tu diálogo interno a "¿Cómo puedo ayudar?" también te dará acceso al espíritu, ese dominio de tu conciencia donde experimentas tu universalidad.

Si quieres hacer uso máximo de la *Ley del Dharma*, entonces tienes que hacer varios compromisos.

El primer compromiso es: A través de la práctica espiritual voy a buscar mi Ser superior, que está más allá de mi ego.

El segundo compromiso es: Voy a descubrir mis talentos únicos, y al encontrarlos voy a disfrutar de mí mismo, porque el proceso de disfrutar ocurre cuando experimento conciencia sin tiempo. Es ahí cuando estoy en estado de bienaventuranza.

El tercer compromiso es: Me voy a preguntar cuál es la mejor manera para mí de servir a la humanidad. Contestaré esa pregunta y la pondré en práctica.

Usaré mis talentos únicos para servir a las necesidades de mi prójimo — combinaré esas necesidades con mi deseo de ayudar y servir a otros.

Siéntate y haz una lista de las respuestas a estas dos preguntas: Pregúntate si el dinero no fuera problema y tuvieras todo el tiempo y dinero en el mundo, ¿qué harías? Si harías lo que haces ahora, entonces estás en dharma, porque tienes pasión por lo que haces y estás expresando tus talentos únicos. Luego pregúntate: ¿Cuál es la mejor manera de que sirva a la humanidad? Contesta esta pregunta, y ponla en práctica.

Descubre tu divinidad, encuentra tu talento único, sirve a la humanidad con él, y podrás generar toda la riqueza que quieras. Cuando tu expresión creativa la combinas con las necesidades de tu prójimo, la riqueza fluye espontáneamente de lo inmanifiesto a lo manifiesto, del reino del espíritu al mundo de la forma física. Comenzarás a experimentar tu vida como una expresión milagrosa de divinidad no sólo ocasionalmente, sino todo el tiempo. Experimentarás verdadera alegría y el significado verdadero del éxito que es el éxtasis y la exaltación de tu propio espíritu.

CÓMO APLICAR LA LEY DE "DHARMA" O PROPÓSITO EN LA VIDA

Pondré la *Ley del Dharma* en práctica haciendo un compromiso para seguir los siguientes pasos:

(1) Hoy alimentaré con amor a los dioses o diosas en embrión que habitan dentro de mi alma. Le pondré atención al espíritu dentro de mí que anima mi cuerpo y mi mente. Despertaré esta profunda quietud dentro de mi corazón. Llevaré la conciencia sin tiempo y el Ser eterno en medio de las experiencias de espacio y de tiempo.

(2) Haré una lista de mis talentos únicos. Luego haré una lista de todas las cosas que me gusta hacer mientras expreso mis talentos únicos. Cuando expreso mis talentos únicos y los utilizo para servir a la humanidad, pierdo el sentido del tiempo y creo abundancia en mi

vida como en la vida de los demás.

(3) A diario preguntaré. "¿Cómo puedo servir?" y "¿Cómo puedo ayudar?" La respuesta a estas preguntas me permitirá ayudar y servir a mi prójimo con amor.

SUMARIO Y CONCLUSIÓN

Quiero conocer los pensamientos de Dios . . . el resto sólo son detalles.

— Albert Einstein

La mente universal organiza todo lo que está sucediendo en billones de galaxias con elegante presición e inteligencia resuelta. Su inteligencia es definitiva y suprema, e impregna cada fibra de existencia: de la más pequeña a la más grande, desde el átomo hasta el cosmos. Todo lo que está vivo es una expresión de su inteligencia. Esta inteligencia opera a través de las siete leyes Espirituales.

Si observas cualquier célula en el cuerpo humano,

verás a través de su funcionamiento la expresión de estas leyes.

Cada célula, ya sea una célula del estómago, o del corazón, o del cerebro, tiene su nacimiento en la *Ley de Potencialidad Pura*. El ADN, es un ejemplo perfecto de potencialidad pura; de hecho, es la expresión material de potencialidad pura. El mismo ADN existente en cada célula se expresa a sí mismo en diferentes formas para poder satisfacer los requerimientos únicos de esa célula en particular.

Cada célula también opera a través de la *Ley del Dar*. Una célula vive y es saludable cuando se encuentra en estado de equilibrio, que es un estado de satisfacción y armonía, y se mantiene mediante un constante dar y recibir. Cada célula da y mantiene a todas las demás células y a su vez es alimentada por ellas. La célula siempre yace en un estado de flujo dinámico que nunca se interrumpe. De hecho, el flujo es la esencia de la vida de la célula y sólo cuando ésta mantiene este flujo de dar es capaz de recibir y así continuar su existencia tan llena de vida.

La *Ley del Karma* es exquisitamente ejecutada por cada célula, porque dentro de su inteligencia está la respuesta apropiada y correcta a cada situación que sucede.

La *Ley del Menor Esfuerzo* es también exquisitamente ejecutada por cada célula en el cuerpo: hace su trabajo con callada eficiencia en el estado de alerta y descanso total.

A través de la *Ley de la Intención y del Deseo*, cada intención de cada célula aprovecha el poder de organización infinita de la inteligencia de la naturaleza. Hasta una simple intención como metabolizar una molécula de azúcar, inmediatamente desata una sinfonía de eventos en el cuer-po para liberar las cantidades precisas de hormonas en el preciso momento para convertir esta molécula de azúcar en energía creativa.

Por supuesto, cada célula expresa la *Ley del Desapego*. No está apegada al desenlace de sus intenciones. No se tropieza ni titubea porque su comportamiento es una función centrada en la vida, conciencia del momento presente.

Cada célula también expresa la *Ley del Dharma*. Cada célula debe descubrir su propia fuente, el Ser superior; debe de servir a su prójimo, y expresar su talento único. Las células del corazón, las del estómago, y las células del sistema inmunológico tienen su origen en el Ser superior, el campo de potencialidad pura. Al estar directamente ligadas a esta computadora cósmica, pueden expresar su talento único sin esfuerzo y sin conciencia de tiempo. Sólo expresando sus talentos únicos pueden mantener su integridad y la integridad de todo el cuerpo.

Observando el comportamiento de las células de nuestro propio cuerpo, podemos ver la más extraordinaria y eficiente expresión de las Siete Leyes Espirituales. Este es el genio de la inteligencia de la naturaleza. Estos son los pensamientos de Dios, el resto son sólo detalles.

Las Siete Leyes Espirituales del Éxito son principios poderosos que te permitirán obtener dominio propio. Si pones tu atención en estas leyes y las practicas paso a paso como están descritas en este libro, verás que podrás manifestar cualquier cosa que desees — toda la abundancia, dinero y éxito que desees. También verás que tu vida será más feliz y abundante en todos sentidos, porque estas leyes son también las leyes espirituales de la vida que hacen que valga la pena vivir.

Hay una secuencia natural para la aplicación de estas leyes en tu vida diaria que pueden ayudarte a recordarlas.

La *Ley de Potencialidad Pura* es experimentada a través del silencio, de meditación, a través de no juzgar, a través de la comunión con la naturaleza, pero es activada por la *Ley del Dar*. El principio aquí es aprender a dar aquello que buscas. Así es como activas la *Ley de Potencialidad Pura*. Si buscas abudancia, da abudancia; si buscas dinero, da dinero; si buscas amor, apreciación y afecto, entonces aprende a dar amor, apreciación y afecto.

A través de tus acciones en la *Ley del Dar* activas la *Ley del Karma*. Creas buen karma, y buen karma hace que todo en la vida sea más fácil. Notarás que no tienes que hacer mucho esfuerzo para satisfacer tus deseos, que automáticamente te lleva a entender la *Ley del Menor Esfuerzo*.

Cuando todo es fácil y sin esfuerzo, y tus deseos se satisfacen, comienzas a entender espontáneamente la *Ley de la Intención y del Deseo*.

Satisfacer tus deseos sin esfuerzo hace que sea fácil para ti la práctica de la *Ley del Desapego*.

Cuando al fin entiendas todo lo anterior, comenzarás a enfocarte en tu verdadero propósito en la vida, que te guía a la *Ley del Dharma*. A través de esta ley, al expresar tus talentos únicos y satisfacer las necesidades de tu prójimo, comienzas a crear todo lo que quieres, · la hora que tú quieres. Te vuelves despreocupado y alegre, y tu vida se convierte en una expresión de amor sin límites.

Somos viajeros en una travesía cósmica — polvo de estrellas, dando vueltas y bailando en los remolinos del infinito. La vida es eterna. Pero las expresiones de vida son efímeras, momentáneas y transitorias. Gautama Buddha, el fundador del Budismo dijo una vez:

Nuestra existencia es tan transitoria como
las nubes de otoño.
Observar el nacimiento y muerte de los seres es como
observar los movimientos de una danza.
Una vida es como el destello de un rayo en el cielo,
precipitándose como un torrente hacia abajo por
una montaña empinada.

Nos hemos detenido por un momento para encontrarnos unos a otros, para conocernos, para amarnos, para compartir. Este es un momento precioso, pero es transitorio. Es un pequeño paréntesis en la eternidad. Si compartimos con cuidados, con despreocupación y amor, crearemos abundancia y felicidad para todos. Y entonces este momento habrá valido la pena.

SOBRE EL AUTOR

Deepak Chopra es un líder mundialmente renombrado en el campo de la medicina Mente-Cuerpo y el potencial humano.

Es el autor de once bestsellers, incluyendo *Mentes sin Tiempo, Cuerpos sin Edad; La Curación Cuántica;* y *Cómo Crear Abundancia*, como de numerosos programas de audio y vi-deo que promueven la salud y el bienestar. Sus libros han sido traducidos a más de veinticinco idiomas. Ofrece seminarios en Estados Unidos, México, Sur América, India, Europa, Japón y Australia. Actualmente es el Director Ejecutivo para el Instituto de Medicina Mente-Cuerpo y Potencial Humano en Sharp HealthCare en San Diego, California.

Las Siete Leyes Espirituales del Éxito forma la esencia de *Cómo Crear Abundancia: Conciencia de Riqueza en el Campo de Todas las Posibilidades*. En este libro, Deepak Chopra examina por completo el significado de conciencia de riqueza y presenta una serie de pasos simples de la A a la Z y acciones de todos los días que generan espontáneamente la afluencia en todas las formas. Este volumen es un compañero, destinado a ser una referencia leída repetidamente.

Para ordenar *Cómo Crear Abunduncia* llame a una de las siguientes casas de publicidad:

México y América Central
Editorial Diana, S.A. de C.V.
Roberto Gayol, 1219
03100 Mexico, DF, Mexico
Tel: 011-525-575-0711
Fax: 011-525-575-3211

Mundialmente (salvo México y América Central)
Javier Vergara Editor
Paseo Colon 221 - 6°
1399 Capitol Federal
Buenos Aires, Argentina
Tel: 011-541-343-7510
Fax: 011-541-334-0173

Querido Amigo,

En *Las Siete Leyes Espirituales del Éxito*, yo describo virtudes y los principios asociados que me han ayudado a lograr satisfacción espiritual y éxito material. Te estoy escribiendo para invitarte a que te unas conmigo y potencialmente con millones de otros mundialmente, en la **Global Network for Spiritual Success** [Red Global para el Éxito Espiritual], que va a ser basada en la práctica diaria de estos principios poderosos como una guía.

La participación en la Red está abierta al que quiera practicar *Las Siete Leyes Espiritual del Éxito*. Para ti como para mí lo más práctico es que te concentres en una ley cada día de la semana, comenzando el domingo con la *Ley de Potencialidad Pura*, y concluyendo el sábado con la *Ley del "Dharma"*. Teniendo tu atención en una ley espiritual va a transformar tu vida completamente, como la mía, y si ponemos nuestra atención colectivamente en la misma ley cada día, nosotros podemos llegar pronto a una masa crítica de gente exitosa que puede transformar la vida en el mundo.

Grupos de amigos a través del mundo ya empezaron a enfocar su atención en una ley cada día. Como yo lo he hecho con mi personal y mis amigos, yo sugiero comenzar con un grupo de estudio de familia, amigos, o compañeros de trabajo que se reúnan una vez por semana para revelar sus experiencias con las leyes espirituales. Si como puede ser en algunos casos, las experiencias son dramáticas, yo te invito a que las escribas y me las mandes a mí por correo.

Para aprovecharse activamente de la Red Global, visita nuestra página Web en www.chopra.com, donde encontrarás recursos que te informarán y te inspirarán mientras apoyan y aumentan tu desarrollo personal.

La creación de la Red representa la realización de uno de mis sueños más preciados. Al unirte con la Red Global y al practicar *Las Siete Leyes Espirituales*, yo sé que tú vas a lograr el éxito espiritual y la realización de tus deseos. Ésta es mi mayor bendición para ti.

Con amor y mis mejores deseos,

Deepak Chopra

Amber-Allen Publishing y New World Library se
dedica a la publicación de libros y cassettes que
nos ayudan a mejorar la calidad de nuestra vida.
Para obtener un catálogo de nuestros libros y
cassettes de alta calidad, diríjase a:

Amber-Allen Publishing
P.O. Box 6657
San Rafael, CA 94903
Gratis: (800) 624-8855
www.amberallen.com

New World Library
14 Pamaron Way
Novato, CA 94949
Teléfono: (415) 884-2100
Fax: (415) 884-2199
Gratis: (800) 972-6657
Para pedir el catálogo: extensión 50
Para hacer un pedido del catálogo: extensión 52

E-mail: escort@nwlib.com

Visítenos por medio de su computadora:
www.newworldlibrary.com